अगर बारिश का दिल होता

लक्ष्मी वत्स

Copyright © Laxmi Vats
All Rights Reserved.

This book has been self-published with all reasonable efforts taken to make the material error-free by the author. No part of this book shall be used, reproduced in any manner whatsoever without written permission from the author, except in the case of brief quotations embodied in critical articles and reviews.

The Author of this book is solely responsible and liable for its content including but not limited to the views, representations, descriptions, statements, information, opinions and references ["Content"]. The Content of this book shall not constitute or be construed or deemed to reflect the opinion or expression of the Publisher or Editor. Neither the Publisher nor Editor endorse or approve the Content of this book or guarantee the reliability, accuracy or completeness of the Content published herein and do not make any representations or warranties of any kind, express or implied, including but not limited to the implied warranties of merchantability, fitness for a particular purpose. The Publisher and Editor shall not be liable whatsoever for any errors, omissions, whether such errors or omissions result from negligence, accident, or any other cause or claims for loss or damages of any kind, including without limitation, indirect or consequential loss or damage arising out of use, inability to use, or about the reliability, accuracy or sufficiency of the information contained in this book.

Made with ♥ on the Notion Press Platform
www.notionpress.com

क्रम-सूची

भूमिका   v

  1. मां   1

  2. टूटते पत्तों की आवाज   2

  3. गेंदा   3

  4. लिबास   4

  5. टूटता तारा   5

  6. हक जताती क्यों नहीं   6

  7. आकाश और सागर प्रेम में हैं   7

  8. अगर बारिश का दिल होता   8

  9. तीसरी बेटी   10

10. मौन   11

11. वो छली नहीं गई प्रेम में   12

12. पराई   14

13. भीतर का शोर   16

14. आई.वी.एफ   17

15. सफेद सोना   18

16. लिख नहीं सकी कभी स्वयं को   19

17. जुर्म क्या था?   20

18. दिया रूपी जीवन   21

19. खुद से मिलने की आस   22

20. भाई-भाई   23

21. वजूद   24

22. जीवन मूल्यवान है   25

23. मैं तुममें प्रेम देखती हूं   27

क्रम-सूची

24. एक चंचल टुकड़ा धूप का   28

25. मजबूर "मजदूर"   29

26. धूसर राख   30

27. सैनिक   31

भूमिका

मैं सूखे पत्तों पर आशा छिड़कने और खालीपन की बंजर भूमि पर अनुग्रह के पौधे रोपने में विश्वास करती हूं। जीवन को शब्दों में समेट कर, अपने विचारों को कागज पर उकेरने का प्रयास करती हूँ। मेरे लिए आकाश वो कैनवास है जहां मैं जीवन के अनुभव को धूप के स्वाद एवं रातों की सबसे अंधेरी रात की भावनाओं को कविता के झिलमिलाती चांदनी से सील कर रोशन करती हूं।

आशा है पाठकों को मेरा ये प्रयास उनकी आशा के अनुरूप सार्थक लगेगा।

1. माँ

माँ की तस्वीर हर वक्त मेरी आंखों में रहती है,

आज जब उनसे दूर हूँ तो लगता है;जैसे वो मुझमें जिंदा हैं और मैं उनमें बसी हूँ कहीं,

आज भी उनके हाथों के निशान मैं अपनी उंगलियों पर स्पष्ट देख पाती हूँ,

उनसे दूर हूँ तो सोचती हूं कि क्यों वो सबकी परवाह करने में खुद के लिए हमेशा लापरवाह ही बनी रहीं,

क्यों वो अपनी हर खुशियों के साथ समझौता करती रहीं बिना किसी अपेक्षा के,

कैसे घर में किसी के बीमार पड़ने पर मां उस ताप में खुद भी झुलसती थीं,

लेकिन क्यों कभी उनके ताप की आंच किसी और तक नहीं पहुँचती थी,

दर्द तो आपको भी आंसता रहा होगा ना!तब कैसे आप अपने दर्द को सात तहों में छिपा हम सबको अपने आंचल में सहेजती रही होंगी,

आपके कोमल हाथों से सख्त हाथों के बीच का सफर आपकी धुंधली होती लकीरों में कभी किसी ने महसूस नहीं किया, लेकिन फिर भी सबके चेहरे का संतोष ही आपके लिए सर्वोपरि रहा,

मां सच बताना क्या सच में आप नासमझ थीं या अपनी समझदारी को नासमझी के पीछे छिपा कर अपना सब कुछ हम सबकी खुशियों पर लुटाती रहीं,

आज सोचती हूँ कि काश! अगर मैं एक बार फिर सब कुछ नया कर पाती तो उन सभी शोरों को शांत कर देती जिसने आपकी आंखों के खूबसूरत सपनों को तोड़ा था,मैं आपसे वादा करती हूँ मां अब मैं सिर्फ आपकी सेवा करूंगी।

2. टूटते पत्तों की आवाज

हाँ, मैंने सुनी है शाखों से टूट कर गिरते हुए पत्तों की आवाज,
उनकी खड़खडाहट को मैंने चुपचाप खामोशी से सुना है,
रात की नीरवता में सनसनाती हवाओं के साथ उन्हें तुम्हारे दरवाजे तक उड़ कर जाते देखा है,
थरथराहट सी है उनमें फिर भी तुमसे कुछ कहने की चाहत में वो तुम्हारे दरवाजे के बाहर बिखरे हैं,
एक डर सा है उन सूखे पत्तों में कि कहीं तुम उन्हें बिना" सुने"समेट कर जला ना दो,
लेकिन साथ ही एक उम्मीद भी है कि,शायद तुम्हारे कदमों तले आकर वो टूट कर बिखर जाए! और ये बिखराव उनके लिए एक नया जीवन बन जाए |

3. गेंदा

जब पक्षियों के रोने की जगह न हो,ना ही सागर को छिपने की जगह मिले,

जब फूलों के सोने के लिए कोई जगह न हो, ना ही नदियों की धारा को विश्राम करने का अवसर मिले,

तब यह यही वह क्षण है,जिसमें हम अपने पाखंड और आत्म गंदगी को समझें, जिसने हमसे हमारी नैतिकता छिन ली है,

गलतियों को स्वीकार करने में कोई शर्म नहीं होनी चाहिए,

क्योंकि काली रात बस कुछ समय की ही बात है,

मात्र प्रतीक्षा ही भोर के सुखद आगमन का कारण बनती है,

जब पलकें साहस बटोर लेती हैं आँखें खोलने के लिए,तब सारी नकारात्मकता धुल जाती है और तब वास्तविक सूर्योदय होता है,

बहुत ज्यादा भावनात्मक होना ठीक नहीं क्योंकी अक्सर भावनाओं की कीमत चुकानी पड़ती है,

अतः बेहतर है कि हम अपने मूल में स्थिर रहें और हम जो थें बस वही बने रहने का संकल्प लें,

मात्र गुलाब की खुशबू ही सुगंध का पर्याय है ऐसा नहीं है, गेंदे के फूल से भी अच्छी खुशबू आती है...

4. लिबास

जब मेरी ये आँखें तुमसे मिलीं, तो मैंने देखा कि मेरा सूरज उन पलकों के नीचे शांति से डूब रहा है। जिस दिन से मुझे पता चला कि तुम मेरे आराम करने वाले बादल हो, मैंने अपने भीतर के हर द्वंद और मुश्किलों को पीछे छोड़ दिया,

क्योंकि कहीं गहराई में मुझे पता था कि जब मैं तुम्हारे कांधे पर अपना सिर साझा करूँगी, उस वक्त घंटे का चश्मा हिलना बंद हो जाएगा और मैं तुम्हारी छाया के नीचे शांति की सांस ले पाऊंगी।

ये हो सकता है कि मैं हमेशा की तरह बहुत जल्दी में रहूँ,और घड़ी के निरंतर चलते कांटों की तरह रुक पाने में असमर्थ रहूँ, लेकिन तुम हमेशा बस इतना याद रखना कि

हम हमेशा एक हैं,और चूंकि हम एक ही हैं, इसलिए मैं अपने आप को दो भागों में तोड़ रही हूं, क्या तुम्हें कभी ऐसा लगता है कि हम दोनों दो अलग-अलग यात्राओं पर हैं, अलग-अलग रास्तों के साथ?नहीं ये सच नहीं है। हमारी यात्रा चाहे बेहद कठिन हो, लेकिन मंजिल यकीनन खूबसूरत होने वाली है, क्योंकि तुम मंजिल पर मुझे हमेशा अपना इंतजार करते हुए पाओगे।

पर्पल ब्लू,ऐश ग्रे ये सभी रंग तुम्हारे पैलेट में समा रहे हैं,और तुम्हारे कदम बढ़ाने की प्रतीक्षा कर रहे हैं।

"मैं"जिसने कभी प्यार करना बंद ना करने की कसम खाई है, तुम्हारे वापस आने का इंतजार एक नई दुल्हन के लिबास में करती मिलूंगी।

5. टूटता तारा

जब वो टूटा आसमान से कई अधूरी इच्छाओं की पूर्ति का निमित्त बना,

उसकी चमकती छाया में सूखी बूंदें उसे पृथ्वी के गुरुत्वाकर्षण की ओर अनचाहे ही खींचती जाती हैं,

ऊंचे से ऊंचे शिखर भी उसकी यात्रा की गति को रोक सकने में अक्षम रह जाते हैं,

आखरी यात्रा पर निकलते समय वो एक बार पीछे मुड़कर स्वयं के अस्तित्व को तलाशता है;

किंतु असंख्य टिमटिमाते तारों के बीच उसे कहीं कोई खालीपन नहीं दिखता है,

ना ही अंतरिक्ष में कहीं उसे उसके पदचिन्हों का निशान ही मिलता है,

धीरे धीरे उससे सब छूटता जाता है और वो तारा अपने भीतर अपनी यात्रा की पीड़ा छिपाए धरती में विलीन हो जाता है।

6. हक जताती क्यों नहीं

जो कुछ पूछूँ तुमसे तो यूं चुप सी हो जाती क्यों हो?

जो हक है मुझ पर तो हक जताती क्यूं नहीं?जो गर मोहब्बत है मुझसे तो तुम बताती क्यूं नहीं?

राजे मोहब्बत जो दिल में छुपा रखा है वो होठों पर लाती क्यों नहीं,बेवजह हर बात पर यूं ही हँस देती हो कभी अपने दर्द को पिघला कर आंखें भिगाती क्यूं नहीं,

अंधेरों से यारी और उजालों से अदावत क्यूं है,हमसफर हो तो हमसाया बन साथ चलती क्यूं नहीं,

थक चुकी हो अब अपनी ही तन्हाईयों से, मेरी मोहब्बत से अब अपनी रातें सजाती क्यूं नहीं,

सारी रात आंखों ही आंखों में काटती हो, अपनी बोझिल पलकों को मेरे ख्वाबों से नवाजती क्यों नहीं,

जो साथ चाहती हो हर पल का तो इन फासलों को मिटाती क्यूं नहीं,जो हक है मुझ पर तो तुम हक जताती क्यूं नहीं?

7. आकाश और सागर प्रेम में हैं

एक सुई से गुजरने की उम्मीद में एक धागा, किसी दिन यह किसी के आकाश में सूरज बनने के लिए कपड़े में शामिल हो जाएगा,

अपनी खुद की छाया को सजाने के लिए मोती खरीदना, रात में चमकने की उम्मीद में मरने वाले सितारे की पूंछ के बाद,

एक बोतल में नदी डालना जहाँ जुगनू लाखों के बीच में अकेले चमकते हैं, मेरी बेचैन आत्मा को आराम देने के लिए,

बादल का रोना क्यों मनाया जाता है, और मुझे कमजोर कहा जा रहा है?

हम इंसान इतने पाखंडी क्यों हैं? क्या हम ये नहीं जानते हैं कि समुद्र बारिश देता है, क्या हम नहीं देख सकते कि आकाश और सागर प्यार में हैं,वे अपनी त्वचा का नीला साझा कर रहे हैं;

जीवन कैनवास की तरह सफेद है, लेकिन अगर किसी के पैलेट में सिर्फ काला रँग है तो पेंट कैसे करे?

बारिश बंद करो,आकाश को मेरे आँसुओं को छिपाने और दोष देने के लिए एक सुंदर भेस मिलेगा।

8. अगर बारिश का दिल होता

तुम स्वयं अपने भाग्य निर्माता हो भगवान भाग्य का स्वामी नहीं,हम जैसे असहाय प्राणियों का निर्माण करने हेतु उस सर्वशक्तिमान की जय हो।

अधिक पाने की दौड़ में युवा सफलता और असफलता के बीच मर जाते हैं,

मौत इतनी अजेय है कि जिंदा मुर्दा भी मिल सकता है,

"अगर बारिश का दिल होता"तो क्या हम बारिश के पानी से मिट्टी के भीग जाने को हत्या समझें?

हममें और अधिक पाने की इतनी लालसा क्यूं है

तुम हमें बोते हो ये सत्य है यदि यही सत्य है तो मरते दम तक तुम ही हमारा पालन पोषण करो

आप हमें फिसलने ना दें,अगर पत्तों का गिरना आत्महत्या नहीं है तो फिर हम भी इस जीवन चक्र में पिसने के लिए क्यों शेष हैं?

आप अनुग्रह हैं ये सारी श्रृष्टि आपकी ही रचना है,फिर आप ही बताइए कि आपने जो कुछ भी बनाया है उसे समाप्त क्यों होने देते हैं!

क्या आपको अपनी ही रचित चीजों से प्रेम नहीं है और यदि आपको प्रेम नहीं है तो आपने हमें भी प्रेम की खुशी का थोड़ा सा स्वाद क्यों दिया?

फिर मैं ये विश्वास कैसे करूँ कि मैं पानी में खुली असमानता देख ये विश्वास रख सकूँ कि आप न्याय करेंगे!

नदियां सूख जाती हैं,किंतु समुंद्र नहीं क्या वो पानी नहीं हैं?नदी में पत्थर फेंकने पर वे डूब जाते है किंतु वही पत्थर सागर में फेंके जाने पर वे किनारे पर विश्राम क्यों करते हैं?

"अगर बारिश का दिल होता"तो क्या आप इसे गुनाह कहते जब बूंदें

नदियों से मिलती हैं!

यदि पेड़ और कंक्रीट सब आपका है तो कंक्रीट की इमारत सांस लेने के लिए हवा क्यों नहीं दे पाती है,अगर हम धुनों को जानते तो शायद हम दर्द कम करने के लिए एक गीत गा पाते। क्या वाकई हम सब आपकी ही देन हैं यदि हाँ तो हम एक दूसरे से द्वेष एवं नफरत क्यों करते हैं,

ईमानदारी वफादार होने की कसम के साथ आती है लेकिन उसका क्या जिसने कभी कसम ही नहीं खाई?फिर भी ईमानदार ही खड़ा रहा।

अगर बारिश का दिल होता तो...

9. तीसरी बेटी

तीसरा बच्चा ...
नहीं नहीं...
बहुत महँगाई है...
पहले ही दो बेटियाँ हैं...
इस बार बेटा हुआ तो!
हम्मम..
और बेटी हुई तो...
नहीं तीसरी बेटी नहीं...
फिर?
देखते हैं...
हम्मम.....
क्या है डॉक्टर"बेटा"या"बेटी"?
बेटी!
ओह...
क्या करें अब...
उत्तर की प्रतिक्षा...
डरी सहमी आँखें...
ऑपरेशन टेबल...
गर्भपात...
अत्यधिक रक्तस्राव...
मृत माँ..
बेटियाँ शेष..

10. मौन

सुनो यूँ मौन ना रहो, कुछ तो कहो...
शब्द सारे खो गए हैं.... चलो कुछ लिख ही दो...
हाथ जख्मी हैं...
थोड़ा सा रोलो कुछ दर्द बहा लो... आंसू सारे सूख गए....
हम्म्म... मेरे कहने पर थोड़ा सा मुस्कुराओ; जीवन की कुछ तो
उम्मीद जगाओ...
होंठ हिलते नहीं हँसी भी निष्ठुर है.....
क्या हुआ ? सुन पा रही हो मुझे हुआ क्या? ठीक हो ?
कुछ तो बोलो सुन पा रही हो?
अपलक व्योम की ओर ताकती पथराई आंखें, निष्प्राण तन, एक
शून्य ...

11. वो छली नहीं गई प्रेम में

वो प्रेम में छली गई थी?

नहीं वो छली गई थी पवित्र अग्नि के समक्ष ली गई सप्तदी के वचनों से,जिन वचनों को वो प्रेम का आधार मानती रही वो उन वचनों से छली गई थी,

वो अकेली नहीं छली गई थी,उसके साथ ही छला गया था उसके पेट के भीतर पल रहा गर्भ जो इस छल से भयभीत हो उसे अपने दोनों हाथों से कसकर थामे हुए था,

कैसे सहेजे रही होगी वो छले जाने के बाद भी गर्भ में पल रहे प्रेमांकुर को वो भी तब, जब खारिज कर दिया गया हो उसके अस्तित्व को,जब वचनों की मर्यादा तोड़ दी गई हो;तब वो स्वयं भी क्यों नहीं मुक्त हो पाई झूठे बंधनों से,

क्या तब ठुकराए जाने के अपमान को वो खामोशी से अपनी आंखों से बह जाने दी होगी,या उन आंसुओं की सूखी बूंदों को अपने भीतर ही इकट्ठा कर पत्थर हृदय बन गई होगी?

जब आसमान के बिना ही धरती के गर्भ से अंकुर फूटा होगा तो क्या ये वाकई एक नई शुरुआत रही होगी?

सच के सच होने की पीड़ा का दंश सह कर भी कोई झूठी उम्मीदें कैसे पाल लेता है?क्या जीवित रहने के लिए ये प्रश्न वो अपने जेहन में टटोलती रही होगी?

अपनी स्त्री सुलभ इच्छाओं को दमित कर क्या "मातृत्व" के रूप को ही प्राथमिकता देकर प्रेम के प्रतिमान को बदलने में सफल हो पाई होगी?

क्यों इतनी बेबसी उसके हिस्से आई? क्यों अपने अस्तित्व को बचाते हुए किसी को अस्तित्व में लाना इतना दुरूह होता है?

क्या श्रृष्टि हमेशा विनाश कर ही सृजन करती है?

यदि हां, तो सृजन को नकारना क्या उचित नहीं?

12. पराई

ब्याह कर आई जब अनजाने देश, कई रँगीन सपने उसकी आंखों में महकते रहे।

आज अपराधी बनी बैठी थी वो एक कोने में,

शिकायतों के पुलिंदे एक एक कर उधेड़े जा रहे थे

नम थीं आंखे, होंठ मौन,

उसके हिस्से का सच कहे कौन?

दीवार पर सिर टिकाए वो अधीर और व्यग्र सी,

सारी आस टिकाए थी अपने बाबा पर,

यदि उसकी अपनी वाणी होती,तो उसकी भी सुनी जाती,

उसने हर वो ईमानदार कोशिश की"वो"करने के लिए जो उससे करने को कहा गया,

पर उसकी सेवा को हर बार नकार दिया गया,

कच्चे आँगन की मिट्टी साक्षी है,कि उसने कैसे "उसकी" सेवा की और "उसने" कैसे उसे "थप्पड़" मारा,

मौन शोर कर कई प्रश्न पूछ रहा था,और आंखें फिर वही पुरानी सड़कें ढूँढ रही थीं,

वो अनजान थी इस पराए देश के आंगन से, फिर भी विश्वास कर हाथ थामे उतर गई और विपरीत धाराओं के खिलाफ बहती रही,

फिर भी आज अपराधी बनी बैठी है एक कोने में,

मौन आंखें चाहती हैं कहना कि"या मुझे अपने साथ ले चलो"या फिर ये यकीन दिलाओ कि अब कोई मुझे दर्द नहीं मिलेगा,

अब मैं"पराई" हूँ ,ये कह मुझे इस अनजान देश अकेली ना छोड़ जाना...

लहूलुहान पाँव अब परंपराओं की बेड़ियों को तोड़ लाल को ठुकरा फिर सफेद हो जायेंगें,

जो बाबा यदि आप,इस असमानता को देख मेरे लिए भी न्याय कर पाएंगे!

बाहर हो रहे कोलाहल से अनभिज्ञ बाबा;पढ़ते ही जा रहे थें बेटी की आंखों से बहते अदृश्य लाल आँसू...

सह न सके जब बाबा उसकी पीड़ा को तब वे मुड़े,पर अकेले! अपनी आंखों के खारे आंसू पोंछते,उसे उसी अनजाने देश"अकेली छोड़",ये कह कि अब कभी न लौटूँगा इस अनजाने देश!

उसका हृदय चित्कार कर उठा,ये कैसा न्याय किया! जहाँ ठहर न सके तुम क्षण भर,

सारी उम्र का दर्द सहने को फिर"मुझे अकेली क्यों छोड़े जा रहे इस पराए देश?

पर बेबस होंठ सिले रह गए, प्रश्न जो भीतर थें भीतर ही रह गए, क्या उसका एक और अवसर माँगना बहुत ज्यादा था?

13. भीतर का शोर

ठहर जाता हूँ अक्सर लोगों की भीड़ में ये सोचकर कि
शायद कोई सुन सके मेरे अंदर के शोर को,
हँस देता हूँ अक्सर यूँ ही बिलावजह ये सोचकर कि,
शायद कोई देख ले आंखों की कोर पर ठहरे आंसुओं को,
जब मैं अपने दर्द को भीतर छिपा स्वयं को बेहतरीन प्रस्तुत करता
हूँ, उस वक्त मैं ये अक्सर सोचता हूँ कि कोई तो समझे कि मैं
कितना टूटा हूँ भीतर से, क्यों कोई ठहरता नहीं पल भर भी गुजरते
हुए मेरे नजदीक से क्या इतनों की भीड़ में कोई भी नहीं जो एक
बार गले लगाकर सुन ले मेरे भीतर के शोर को ..

14. आई.वी.एफ

मुझे सुई से बहुत डर लगती है, घबराते हुए वो बोली।

मैं हूँ ना साथ कुछ नहीं होगा,उसने हाथ थाम दिलासा दिया और अपनी आंखों में पलते सपनों को उसकी डर से सहमी आंखों में कैद कर दिया।

उसका सपना था भी बहुत सुंदर जिसे पाने की लालसा मुझे भी थी,लेकिन मैं अक्षम थी उसके सपनों को आकार दे पाने में, मेरी खुद की भी इच्छा है कि,एक दिन हम सब मिलकर अपने बागीचे में बारबेक्यू करें, वो चिड़ियों के साथ खेलेंगे, तितलियों का पीछा करेंगे और अपनी किलकारी से बंजर पड़े बागीचे को उर्वरक बना देंगे। लेकिन मुझे वर्तमान समय को स्वीकार कर पाना बेहद कठिन लग रहा था,क्योंकि उसके सपनों को वास्तविक आकार देना मेरे लिए रेगिस्तान में नरगिस के फूल खिलाने जितना कठिन था,फिर भी मैं उसके सपने को खुद में पालने का यत्न करते हुए मैं अनगिनत दर्द से गुजर रही हूँ;

एक बार, दो बार तीन बार हर बार मैं उसके सपनों को अपनी सिकुड़ती आंखों में भींचती और अनगिनत चुभती सुइयों की वेदना को सहती जाती।

यदि दर्द और पीड़ा का कोई आकर होता तो शायद वो भी मेरे दर्द को देख पाता या महसूस ही कर पाता। वो अपनी उम्मीद को क्षीण नहीं होने देना चाहता था लेकिन मैं अब और अधिक चुभन सहने में समर्थ नहीं थी, अब ये सुइयां न सिर्फ मेरे शरीर को बल्कि मेरी आत्मा को भी छेद रही थीं,और आखिर में यह सब समाप्त हो गया!क्योंकि मैंने धीरे से अपनी आंखों के दरवाजे को बंद कर दिया जिससे किसी का कोई भी सपना मेरे भीतर न पले,मैंने उसके लिए सब कुछ किया फिर भी मैं अपनी मौत पर अकेली ही गई!

15. सफेद सोना

तुमने सुर्ख लाल गुलाब रोपे; और मैंने "सफेद सोने" के बीज धूसर मिट्टी में तुम्हारे प्यार के दस्तावेज के तौर पर उगाए हैं,

जब उजला रँग ले कर ये फूल अस्तित्व में आयेंगे तब उम्मीदों के अनगिनत दीप आंखों में जगमगाएंगे,

तुम अपने सुर्ख गुलाब को रेशमी यादों की तरह सहेज कर रख लोगे, लेकिन मेरे "सफेद फूल" मौसम की सारी नमी अपने भीतर छिपा कर समय के विकटतम परिस्तिथि में भी प्रेम की परिभाषा बन हर दिशा में बिखरे मिल जायेंगे,

जानती हूँ रँगों की दुनिया में सफेद रँग नहीं होता, पर इसमें कोई फरेब या मिलावट भी नहीं होता, सफेद पर सारे रँग सज जाते हैं, जहाँ सारे रँगों का मिलन हो जाता हो प्रेम का सफेद रँग बस वहीं पर खिलता है,

जब सारे रँग,सारे फूल सारी खुशबू व्यर्थ लगते हों तब प्यार के सफेद दस्तावेज का ही अर्थ शेष रहता है; इसलिए "सफेद सोने" को मैंने तुम्हारे प्यार के दस्तावेज के तौर पर उगाया है तुम इस "सफेद सोने" को अपनी अंजुरी में छिपा कर इसको मनचाहे रँग में रँग कर अपने तन पर सजा लेना।

16. लिख नहीं सकी कभी स्वयं को

वो बेबाक हो हर विषय पर लिखती है,

अनंत आकाश में उड़ते बाज एवं पृथ्वी पर सहमी सीमित ऊँचाई पर उड़ती गौरैया के पंखों की उड़ान पर लिखती है,

उफनते सागर की लहरों में अपने अस्तित्व को तलाशती नदी की छटपटाहट पर लिखती है,

बदलते परिवेश के साथ बदलते आसमान के रँगों को,

खिड़की से झांकती चाँदनी, बारिश की बूँद और धरती की प्यास पर लिखती है,

जंगल की मिट्टी,पहाड़ों की घास और समंदर की रेत पर तो कभी धरा के भीतर उबलते लावे के ताप पर लिखती है,

वह पिंजरे पर लिखती है,उड़ान के रोमांच एवं जाल के बारे में लिखती है,

वो नारी एवं पुरुष के मध्य सभी वर्जनाओं को तोड़ने का प्रयास करती हुई सभी संकीर्ण सोच पर कुठाराघात करती हुई बड़े ही विश्वास एवं प्रमाणिकता के साथ निःसंकोच लिखती है,

प्रत्येक विषयों पर लिखने वाली वो नहीं लिख पायी तो कभी "स्वयं" को...

17. जुर्म क्या था?

ना अदालत लगी
ना ही कोई जिरह हुई;
जुर्म क्या था,खबर भी नहीं?
बेगुनाह को मुजरिम बनाया गया!
फिर लिखी तकदीर की तरह
फैसला सुनाया गया!
फिर सजा कुछ यूँ मुकर्रर की गई,
कई मासूमों की जिंदगी छीनी,तो बाकियों के पाँव तले जमीन छीन
कर ता उम्र चलते रहने की सजा दी गई...

18. दिया रूपी जीवन

थरथराता सहमा सा "दिया" रूपी जीवन अब अपने लौ के अँत को देखता है...

अंधियारा सा हर ओर व्याप्त है कुछ बुझते हुए चिरागों को ये बड़ी उम्मीदों से देखता है..

कोई आस नहीं कोई साथ नहीं निराशा में डूबा ये जीवन अब अपने धैर्य को खोते देखता है...

टूटती साँसें डूबती नब्ज़ अब ये जीवन रूपी दीया अपने आखिरी क्षण को देखता है..

क्षीण होती दिए की लौ को ये एक आस से देखता है..

कॉंपते हुए ये "दिया" एक उम्मीद लगाए कहता है, कुछ बुझते हुए चिरागों से कि..

"देकर कुछ अंश अपना पुनः प्रज्वलित कर दो तुम मेरे इस बुझते दिए की लौ को...

तुम्हारे अंश को अपने भीतर समाहित कर पुनः एक बार अपने जीवन की लौ को प्रज्वलित होते देखता है।।

19. खुद से मिलने की आस

हर सुबह मैं अँधेरे के कोहरे को जबरदस्ती खींचती हूं,क्योंकि यह अपने आप नहीं मिटता।

हर किसी की ज़रूरतों को पूरा करने की हड़बड़ी में, मैं खुद को बिस्तर पर छोड़ देती हूँ।

मैं अपनी क्षमता से अधिक बिखरा हुआ काम सम्हालने लगती हूँ और मन में कहीं सोचती हूँ, "जब फुर्सत मिलेगी तो हाथ में चाय का प्याला लेकर खुद को उठाऊंगी और तब खुद के साथ घंटों बिताऊँगी।

लेकिन यह मशीन रूपी जीवन मेरे शरीर को कुछ ज्यादा ही थका देता है, मैं इतना थक जाती हूँ कि ना सिर्फ शरीर बल्कि मेरी आत्मा भी घिस जाती है,

और कोशिश करने पर भी मैं खुद तक नहीं पहुँच पाती, गर्म चाय की भाप उड़कर कहीं और भटक जाती है।और प्याला मेरे होठों को छूने की उम्मीद में बर्फ की तरह ठंडा होकर जम जाता है,

खुद से मिलने के इंतजार में आस लगाए मैं अकेली ही क्षितिज के एक छोर से दूसरे छोर तक फैले उजले बादलों को काले बादलों में बदलते हुए देखती रहती हूँ,

एक और दिन गहरे अँधेरे में बदल जाता है, एक बार फिर मैं अपनी उपस्थिति दर्ज कराने में असफल हो जाती हूँ और अँधेरे में स्वपन बन अपनी ही आँखों में कैद हो जाती हूँ,

फिर अगली सुबह को बलपूर्वक अँधेरे से मुक्ति दिलाने के लिए...

20. भाई-भाई

बारह वर्षीय बच्चा स्कूल से छूटा, गेट पर खड़ी माँ के पास दौड़ कर आया,

अपने लाल की राह तकती माँ ने बेटे को गले लगा कर प्यार से पूछा; बेटा, आज स्कूल में क्या पढ़ाया?

माँ का हाथ थामे बच्चा बोला; माँ आज टीचर ने हम सबको धर्म का पाठ पढ़ाया... ओह! फिर तो आज टीचर ने अच्छा सबक पढ़ाया...

हाँ माँ, उन्होंने सारे धर्म का सार बस मानवता है ये बतलाया! हिंदू, मुस्लिम, सिख, ईसाई हम सब हैं भाई-भाई ये बात हम सभी को समझाया।

अगले दिन,

मजहबी उन्माद फैला, स्कूल जल्दी छूटा, माँ देर से पहुँची,

हर ओर थी अफरा तफरी, बिखरे पड़े थें जूते चप्पल,व्याकुल बच्चा अपनी माँ को ढूँढता इससे पहले ही वो उन्मादी भीड़ में घिरा..

हम सब भाई हैं,हम सब भाई हैं, स्कूल का सबक वो जोर जोर से चिल्लाया;अचानक ही एक खंजर से लहूलुहान हो वो इतिहास बन बहा...

21. वजूद

मैं भागता ही रहा कभी इस शहर तो कभी उस शहर ,

उसके वजूद को बचाने के लिए मैं सरहदों में भी बंटा,

लेकिन चाह कर भी मैं अपनी जड़ों से उखड़ ना सका,

उस पार न जा पाने का मलाल लिए मैं फिर भागा,

मैं आशंकित था, डरा हुआ उसके वजूद के खाक हो जाने के खौफ
ने मुझे कभी एक जगह पर ठहरने ही न दिया,

मैं डरा हुआ भाग रहा हूँ, छाले और जख्मों से भरे मेरे पैर अब
परछाइयों में भी दर्द महसूस करते हैं,लेकिन फिर भी मैं बेतहाशा
भाग रहा हूँ,

मैं इतना डरा हुआ हूँ कि उसके वजूद को बचाने के लिए मैं हर
किसी को जख्मी करके खुद से दूर भगाना चाहता हूँ,

मैं हर ओर उसको ही कायम करना चाहता हूँ,

उसके वजूद को कायम करने के लिए मैं अपने करीब आने वाले हर
शख्स के वजूद को खाक कर देना चाहता हूँ,

सिर्फ मैं ही बचा पाऊंगा उसके वजूद को, बस यही सोचकर मैं अब
भी भाग रहा हूँ, ,

अचानक मैं गिर पड़ा!

तभी तेज रोशनी से एक आवाज आई..

"मैं तुम्हारी रगों में हर वक्त दौड़ता रहा,लेकिन मैं अपने वजूद को
बचाने के लिए कभी नहीं लड़ा,क्योंकि मैं सिर्फ तुम्हारे ही नहीं हर
इंसान की रगों में दौड़ता हूँ, मेरे वजूद से ही तुम सबका वजूद है,
फिर भी तुम बेतहाशा भागते रहे,खुद तो जख्मी हो औरों को भी
जख्मी करते रहे!"

मेरे वजूद को बचाने के लिए हर रोज तुम मेरे ही वजूद को मिटाते
रहे, मेरी ही बनाई कायनात में तुम मेरे ही लिए घर ढूंढते रहे!

22. जीवन मूल्यवान है

मेरा जीवन धारा पर प्रतिबिंबित एक शाम की तरह प्रतिबिंबित है,
मैं अंत के कगार पर हूँ, और मैं खुद को झुर्रियों में सिकुड़ती देख रही हूँ,
चेहरे पर पड़ी झुर्रियां बताती हैं मेरे जीवन का इतिहास,
मेरी कमज़ोर उँगलियाँ, पीली चमड़ी निर्दयता की कहानी कहती है,
मैं कैसे चलती रही जब हर कोई जिससे मैं प्यार करती था, चला गया
मैंने कई बार अकेले में आवाज लगाई और चीख कर कई बार ये प्रश्न किया कि "क्या कोई मेरे साथ आएगा, लेकिन मैं अकेले ही अपनी आवाज के पीछे भागती रही,
परिवार और विश्वास के नाम पर मैंने सब कुछ खो दिया,
हो सकता है कि अब मैं किसी के नज़रों में इंसान भी नहीं हूँ,
लेकिन मैं अब भी साँस लेती हूँ,
धूल के बीच,मैं पक्षियों को तारों के पीछे घर पहुंचने के लिए देखती हूँ,
लेकिन मैं कैसे उड़ूं क्योंकि मैं बिना सहारे के चल भी नहीं सकती,
मैं अब स्पष्ट देख भी नहीं सकती हूँ क्योंकि आकाश के कारण सूखे आंसुओं ने मेरी दृष्टि को धुंधला कर दिया है
मुझे सब कुछ याद है, हर कोई, सारे दर्द,
मैं फिर से शुरू नहीं कर सकती, अगर मैं कर ऐसा कर सकी तो मैं इस बार खुद को रखूँगी,
सबसे दूर,शायद कहीं अकेली, ताकि मैं अपनी आत्मा पर ध्यान केंद्रित कर सकूँ।
मैंने जो कुछ खोया है उसके लिए अब कोई बहाना नहीं है,
क्योंकि अब मेरी हड्डियाँ सिकुड़ती जा रही हैं,

क्या जीवन उथले पानी में मरने से ज्यादा मूल्यवान नहीं है?

23. मैं तुममें प्रेम देखती हूँ

मैं अब कुछ भी नहीं सोचती बस; खामोशी से चुपचाप देखा करती हूँ,

और चाहती हूँ कि जो मैं देखूं, वो तुम ना देख पाओ...

क्योंकि मैं तुममें प्रेम देखती हूँ।

मेरे आकाश में कभी बादल नहीं थें इसलिए ना ही मैं कभी बारिश में भीग सकी न ही मुझे छाँव मिली..

मैं हर रोज, हर चीज में तुम्हारे प्रेम को महसूस करती हूँ;

लेकिन फिर भी मैं चाहती हूँ कि, तुम मेरे भीतर के प्रेम को कभी ना देख पाओ;क्योंकि मैं डरती हूँ कि कहीं तुम मेरा आकाश ना छोड़ दो!

ये मैं ही हूँ जिसने तुम्हारे प्रेम की नदी के अनंत प्रवाह को अपनी झील की ओर खींच कर तुम्हें तुममें ही कम किया है...

मैं चाहती हूँ कि मैं तुम्हारी खुशबू की एक बूंदँ बन महकती रहूँ,और तुम्हारी खुशबू को अपनी हर आती जाती साँस में महसूस करूं;

तुम्हें जो पसंद था वो तुमने रखा,

पर मैंने तो बस तुम्हारे प्रेम को चुना और उसे ही सहेजा है,इसलिए अब मैं कुछ भी नहीं सोचती बस खामोशी से चुपचाप देखा करती हूँ, और चाहती हूँ कि तुम मेरे देखने को कभी ना देख पाओ कभी भी नहीं।

24. एक चंचल टुकड़ा धूप का

एक चंचल टुकड़ा धूप का,

कभी हाथों पे चढ़ता तो कभी गालों को छूता,

कभी वो फिसल कर पैरों पर आ गिरता....

कभी नर्म दूब को सहलाता,

तो कभी थकन मिटाने को पल भर बैठी तितली के पंखों को चूम आता,

कभी बहती हवा संग डोलता ,

कभी इधर तो कभी उधर बस भागता ही फिरता....

सहसा! फिर आ बैठा वो मेरी हथेली पर;

सोचा पकड़ लूँ इसे,और कैद कर लूं अपनी मुट्ठी में,

पर आसान कहाँ इस चंचल धूप को कैद कर पाना..

वो झट से हथेली से फिसला, और पाँव पर आ बैठा,

कितना अस्थिर और बेचैन सा है ये धूप का टुकड़ा,

इक पल भी कहीं ठहरता नहीं, जाने क्या ढूँढता फिरता है ये धूप का टुकड़ा,

क्या वाकई वो ढूँढता है कुछ,

या मैं ढूँढती हूं अपने लिए "एक टुकड़ा धूप का" !

25. मजबूर "मजदूर"

उन्होंने इमारतें खड़ी की और खुद झोंपड़ों में सो गए...
वे हर मौसम की वेदना को सह नित नए पथ निर्माण करते रहें,
और खुद कच्ची मेढों पर ही चलते रह गए...
वे अपने परिश्रम एवं पसीने से कइयों की जिंदगी आसान करते रहे
और खुद अभाव ग्रस्त हो जीवन भर मुश्किलों से लड़ते रह गए...
वो मजदूर थें मजबूर ही रह गए।।

26. धूसर राख

वियोग अवसाद की ओर ले जाता है, और युक्तिकरण नश्वर हो जाता क्योंकि मरने वाले का मस्तिष्क जानकारी के साथ मेल नहीं खा सकता है और शारीरिक उपकरण भेदभाव और संक्रमण से लड़ता है जो अवसाद देता है,

एहसास की उंगलियों से भावनाओं को छूने के प्रयास में उंगलियां कई बार जख्मी होती हैं,प्राप्त होने की खुशी में आंखों से छलकते आंसू,बिछड़ने के गम में छलकते आंसुओं का रंग एक सा होता है,लेकिन भाव दोनों का अलग अलग,

हमारे पूरे जीवन यात्रा में साथ ही सफर करते हैं आंसू,

आशा को जन्म देने में चमकीले आंसू; निराशा के समय मौन बहते हैं,

जन्म के समय आंसू जल्द ही सूख जाते हैं,जबकि मृत्यु के समय आंसू बहुत देर से सूखते हैं,

हम हर रोज खुद के अस्तित्व के सवाल के साथ जी रहे हैं!

क्या हम भावनाओं को महसूस कर गले लगा सकते हैं?

27. सैनिक

यह देश का गौरव है, ये एक सैनिक है और सैनिक का पहला प्यार मिट्टी है, अमानवीयता का युद्ध परिवारों को नष्ट कर रहा है, परिवार की एकमात्र छतरी, एक सैनिक का बलिदान है.......

अधिकांश लोगों के मन में जो एक धारणा है वह बताती है कि, सैनिक तो मरने के लिए पैदा हुए हैं, पर राष्ट्र के लोगों क्या शेर कभी मरते हैं ?

एक योद्धा जो केवल यह जानता है कि "माँ" को किसी समस्या का सामना नहीं करना चाहिए... एक सैनिक द्वारा असम्भव को संभव करने पर

परिवारों की आंखों में खुशी की लहर दौड़ जाती है,

हवा पर प्रकाश खिलाने और बादलों के नीचे जीवित रहने पर एक सैनिक कभी शिकायत नहीं करता क्योंकि वह देश की मिट्टी सजाने में व्यस्त रहता है,

कितने भाग्यशाली होंगे वे मौसम जिन्हें आपके खून में खुद को लपेटने का मौका मिला होगा, धन्य होगी वो वायु जिन्हें आपकी पसीने की खुशबू मिली होगी,

तिरंगे की ताकत को आपके सिवा कोई और नहीं समझ सकता,इसकी शान को बढ़ाने के लिए आप अपने प्राणों की आहुति भी दे देते हैं ,आपके वीरता की कहानी हमेशा हमारे दिलों में रहेगी।

तुम्हारी यादें मन के आंगन में चुपके से कुछ यूं उतर जाती हैं मानो किसी सुने आंगन में अचानक ही कहीं से परिंदें उतर आते हों...

स्त्री कभी भी पूर्ण नहीं हो पाती, वो सदैव "हम" को पाने में "मैं" को खो देती है

सकारात्मक एकांत सदैव स्वयं से स्वयं की पहचान करवाता है।

www.ingramcontent.com/pod-product-compliance
Lightning Source LLC
Chambersburg PA
CBHW021149130726
47988CB00004B/1529